Kochen
mit Blüten

Vorwort

Vermutlich haben Blüten schon in der Altsteinzeit, in der Zeit der Jäger und Sammler, zur Nahrung des Menschen gezählt. Archäologische Hinweise dafür sind allerdings rar. Erst im Altertum gibt es Beweise für die Verwendung von einigen wenigen Blüten, unter anderem von Safrankrokus, Rose und Chrysantheme.

Der Safrankrokus wurde wahrscheinlich erstmals in Persien kultiviert. Safran, der aus den getrockneten Blütenständen des gleichnamigen Krokus gewonnen wird, wurde schon damals als Gewürz, als Färbemittel und in der Heilkunst verwendet. Bis heute zählt er zu den teuersten Gewürzen der Welt.

Auch Rosen wurden vermutlich zuerst in Persien und China angebaut. Schon im Altertum wurden Rosenblätter zum Dekorieren von Speisen eingesetzt. Rosenwasser wurde bereits im 3. und 4. Jahrhundert n. Chr. für die Verwendung in der Koch- und Heilkunst destilliert. Rosenwasser ist nach wie vor eine wichtige Geschmackskomponente süßer Speisen im Mittleren Osten und Indien.

Chrysanthemen werden seit 1600 Jahren in China kultiviert. Am kaiserlichen Hof wurde daraus ein Wein gemacht. Kaiserin Wu Zetian (um 700 n. Chr.) ordnete an, einen Reiskuchen mit Chrysanthemen herzustellen, der auf kaiserlichen Banketten serviert wurde. Kochbücher aus der Song Dynastie (10 bis 13. Jahrhundert n. Chr.) enthielten nicht weniger als 15 Blütenrezepte. Die Holländer brachten Chrysanthemen im 17. Jahrhundert nach Europa, wo sie einige Zeit später auch kulinarisch eingesetzt wurden. Im 18. Jahrhundert wurde in England ein Rezept eines Kartoffelsalats niedergeschrieben, der mit Kapern und Chrysanthemen verfeinert wurde.

Der Löwenzahn wiederum wurde bereits in der Bibel als eines der bitteren Kräuter angegeben. Veilchen und Malven waren im römischen Reich als festliche Speisezutaten bekannt. Ringelblumen wurden im Altertum von den Griechen und Römern verzehrt. Im Mittelalter wurden sie auch im restlichen Europa verwendet. Mönche würzten mit den Blütenblättern der Ringelblume Eintopfgerichte. Daher rührt der englische Name *Pot Marigold*. Vielfach nutzte man die Ringelblumenblüten für Heiltees und für Auszüge.

An den europäischen Königshäusern des 16. und 17. Jahrhunderts war das Kochen mit Blüten en vogue. Bei höfischen Festmahlen wurden prächtige Salatbouquets aus Kissenprimeln, Duftpelargonien und Rosen serviert. Blüten wurden eingelegt oder mit Zucker und Gummi arabicum zu kunstvollem Konfekt verarbeitet. Ende des 19. Jahrhunderts geriet das Kochen mit Blüten dann aus der Mode.

Heutzutage finden sich Blüten wieder auf vielen Tellern - und in aller Munde. Über die Spitzengastronomie hat uns die Mode nun auch im Stüberl beim Dorfwirt erreicht. Die große Kunst besteht allerdings darin, die dekorativen Blüten nicht nur ästhetisch, sondern auch geschmacklich mit dem entsprechenden Gericht zu kombinieren. Doch mit ein wenig Übung ist dies gar nicht schwer.

Eine Vielzahl an farbenprächtigen und wohlschmeckenden Blüten finden wir im Garten. Dabei eignen sich nicht nur Rosen und Nelken, Veilchen und Stiefmütterchen wunderbar für feine Gerichte, auch Taglilien, Dahlien und Pelargonien sind tolle Speisenbegleiter.

Die Familie der Gartenkräuter schenkt uns blitzblaue Borretschblüten, der Schnittlauch kugelige, rosa Kuschelbällchen, die Zitronenverbene zarte, weiße Blütengarben, die

Kapuzinerkresse leuchtende Gelb- und Rottöne, der Salbei sein klassisches Violett, der Ananassalbei sein Blutrot und die Salatraukenblüten senfgelbe Töne.

Für einen sicheren Genuss ...

Achten Sie darauf, dass Blüten nicht mit Chemikalien behandelt wurden. Pflanzen aus dem Blumengeschäft eignen sich nicht zum Verzehr. Hin und wieder werden speziell essbare Blüten zum Verkauf angeboten. Auch Wildpflanzen im Umfeld von konventionell bewirtschafteten Feldern eignen sich nicht. Idealerweise pflückt man sich den bunten Farbzauber selbst. Im eigenen Garten oder am Balkon können Sie sicher sein, dass die Blüten ungespritzt gedeihen.

Um allergischen Reaktionen vorzubeugen, ist es am besten, Fruchtstempel und Pollen zu entfernen. Allergiker sollten generell die Verträglichkeit von Blüten vorsichtig austesten. Gerade Chrysanthemen enthalten Inhaltsstoffe, die häufig Allergien auslösen. Auch Tulpenblütenblätter sind im Grunde essbar, lösen aber relativ häufig Unverträglichkeitsreaktionen aus.

Vorsicht, einige Blüten sind giftig! Im Zweifelsfall verzichten Sie auf sie oder informieren Sie sich unbedingt genau durch Experten oder Ratgeber. Besonders giftig sind zum Beispiel Engelstrompete, Goldregen, Rittersporn, Fingerhut und Eisenkraut. Auch Hortensien gelten als hochgiftig, da sie Blausäureverbindungen enthalten. Und die Herbstzeitlose diente schon in der Antike als Mördergift.

Man muss auch vorsichtig sein, denn manche giftigen Blüten lassen sich leicht mit essbaren verwechseln. Jasmin ist essbar, aber nicht der oft auch als Jasmin bezeichnete Pfeifenstrauch. Die filigrane Dolde des Gierschs ähnelt der des giftigen Wiesenbärenklaus, Ackersenf- und Rucolablüte der des Wiesenschöterichs.

Am besten bleibt man also bei bekannten Blüten bzw. bei den in den Rezepten beschriebenen und genießt diese.

Essbare Blüten im Jahreskreis

Im Laufe des Jahres wandelt sich der Garten und seine Farben.

Im Frühjahr – kaum ist der Schnee geschmolzen – locken Primeln und Schlüsselblumen die ersten Bienen an. Auch die Veilchen leuchten violett am Wegrand und in den Beeten. Der zarte Sauerklee öffnet seine strahlend weißen, feinen Blüten am liebsten an schattigen Plätzen. In den Wiesen erblüht das zarte Rosa des Wiesenschaumkrauts, an Waldrändern Goldnessel und Lungenkraut.

Die Kirschblüte folgt und bald regnet es zartrosa Blütenblätter auf die Wiese. Und nun verströmt der Fliederbusch seinen wundervollen Duft. Schon ist der Mai da, und die Felder sind gelb vom Löwenzahn. Im Garten öffnen die Tulpen ihre Knospen. Es ist nicht mehr weit bis zur Pfingstrosenblüte. Der Waldmeister streckt seine grünen Blattdol-

den mit den zarten, weißen Blüten in die Höhe. Die gelblich-weißen Dolden der Kirschlorbeersträuche offenbaren ihr feines Mandelaroma und die Erdbeeren beginnen zu blühen.

Im Juni verwandeln die Margeriten die Wiese in ein Blumenmeer, eventuell zeigen sich erste rote Klatschmohnflecken. In den Beeten öffnen sich erste Taglilien, Bartnelken und Monarden, das Schleierkraut streckt seine weißen Hochzeitsblümchen der Sonne entgegen. Auch im Kräutergarten erblühen Majoran, Thymian, Quendel, Koriander, Salbei, Kamille, Ysop und Basilikum. Zwischendrin leuchten goldgelb und orangerot die ersten Ringelblumen.

Der hochsommerliche Garten im Juli zeigt sich mit Rosenblüten und dem strahlenden Gelb des Johanniskrautes, und Lavendelduft erfüllt die Luft. Die Blüten der Stockrosen, Gladiolen, Cosmea, des Sonnenhut und des Phlox öffnen sich und zeigen sich in prächtigen Farbtönen. Auf den Balkonen leuchten Pelargonien, Fuchsien und Begonien. Während der Rasen meist in sattem Grün leuchtet, gedeihen in den Beeten Zucchini- und Kürbisblüten. Der Borretsch zeigt seine prägnanten, blauen Blütensterne. Und hie und da kommt man an einem Feld mit Sonnenblumen vorüber, die ihre prächtigen Köpfe der Sonne entgegenneigen.

Gegen Ende des Sommers ist die Zeit der himmelblauen Wegwarten und der königsblauen Kornblumen. In allen Farben und Formen offenbaren sich Dahlien in den Bauerngärten. Auch die Astern haben nun ihren Auftritt.

Mit Beginn des Herbstes wird die Blütenpracht langsam weniger. Dennoch ist das Verhältnis von Sonnenstunden und Temperatur für manche Pflanzen genau passend, um ihnen Blüten zu entlocken. Dazu zählen die kirschroten Dolden des duftenden Ananassalbeis. Der Rosmarin zeigt oftmals noch das zweite Mal im Jahr seine zartblauen Blüten, ebenso wie Zitrusbäume um die Zeit oftmals noch ein weiteres Mal blühen – wenn sie von ihrem Sommerstandort im Freien an ihren Winterplatz getragen werden –, während zugleich Früchte an ihren Zweigen reifen. Begnadeten Gärtnern gelingt es, die empfindliche Kamelie zum Blühen zu bringen, während draußen Schnee und Kälte herrschen. Außerdem gibt es diverse Möglichkeiten, Blüten und ihren Duft haltbar zu machen, damit man auch in der grauen Jahreszeit Highlights in der Küche setzen kann.

Blüten sind empfindlich, daher sollte man sie ehestmöglich nach dem Pflücken verwenden. Gepflückt werden sie am besten vormittags, wenn sich die Knospen gerade öffnen. Wenn nötig, kann man Blüten auch in einem feuchten Stück Küchenrolle im Kühlschrank ein paar Stunden frisch halten. Einzelne Blütenblätter werden direkt vor der Verwendung ausgezupft. Wichtig ist es, Blüten immer vorsichtig zu waschen und sie nach versteckten Insekten zu untersuchen.

FRISCHKÄSE MIT BLUMEN

ZUTATEN

- 300 g Schaf- oder Ziegenfrischkäse (vom Wochenmarkt)
- ca. 100 g Blütenblätter oder Blüten von Wiesenschaumkraut, Vergissmeinnicht, Löwenzahn und Kapuzinerkresse
- Pfeffer und Cayennepfeffer
- Salz

ZUBEREITUNG

Den Frischkäse zu kleinen Kugeln etwa in der Größe von Mozartkugeln rollen. Am besten lässt sich der Frischkäse mit leicht feuchten Händen verarbeiten. Auf Tellern verschiedene Blüten und Blütenblätter – nach Blütenart getrennt – ausbreiten.

Größere Blüten, wie zum Beispiel Kapuzinerkresse, kann man auch gehackt verwenden.

Die Kugeln mit je einer Prise Pfeffer, Cayennepfeffer und Salz bestreuen und auf den Tellern mit den Blüten rollen, bis sie rundum ein schönes „Blütenkleid" tragen.

Dazu ein kleines Salatbouquet und gutes Brot reichen.

Bunter Blütensalat

ZUTATEN

- 500–600 g grüner Salat gemischt, z.B. Vogerlsalat (Feldsalat), Rucola, Romanasalat und Blattsalat
- ca. 100 g Blütenblätter von Sonnenblumen, Dahlien, Phlox und Gladiolen
- ca. 50 g Zwiebelblüten und Schnittlauchblüten

Vinaigrette:
- 2 EL gutes Olivenöl
- 2 EL milder Weißweinessig
- 1 TL Honig
- Salz
- Pfeffer und Cayennepfeffer

ZUBEREITUNG

Salat und Blüten waschen und gut trocknen. Alle Zutaten für die Vinaigrette gut vermischen und abschmecken. Den Salat und die Blüten mit dem Dressing anmachen und gleich servieren.

BLUMEN-KRÄUTERRAHMSUPPE

ZUTATEN

Suppe:
- 2 Schalotten
- ½ Stange Porree
- 20 g Butter
- 1 EL Mehl
- 250 ml Gemüse-brühe
- 100 ml Schlag-obers (Sahne)
- Salz
- Pfeffer und Cayennepfeffer
- 1 Eidotter
- 1 EL kalte Butter
- 1 Handvoll Frühlingskräuter (z.B. Petersilie, Schnittlauch, Majoran, aber auch Wiesenkräu-ter wie Giersch, Brunnenkresse, Schafgarbe oder Vogelmiere)

ZUBEREITUNG

Schalotten und Porree fein hacken und in etwas Butter anschwitzen, bis sie glasig sind. Mit ein wenig Mehl leicht binden. Mit Gemüsebrühe und Schlagobers aufgießen.

Aufkochen und ca. 10 Minuten leicht köcheln lassen. Mit Salz, Pfeffer und Cayennepfeffer abschmecken. Kurz vor dem Servieren mit einem verquirlten Eidotter verfeinern. Mit kalter Butter und Frühlingskräutern aufmixen. Mit bunten Frühlingsblütenblättern anrichten.

• 1 Handvoll
  Frühlingsblüten
  (z.B. Rotklee,
  Löwenzahn und
  Wiesenschaum-
  kraut oder auch
  Veilchen,
  Schlüsselblume,
  Gänseblümchen
  und Schnittlauch-
  blüten)

Weißbrotwürfel:
• 1 EL Olivenöl
• 2 EL Butter
• 2 Handvoll
  Weißbrotwürfel,
  frisch geschnitten
• 1 geschälte
  Knoblauchzehe
• 1 Lorbeerblatt
• Rosmarinnadeln
• Salz und Pfeffer

Dazu passen sehr gut fein geröstete Weißbrotwürfel. Für diese in einer Pfanne Olivenöl und Butter erhitzen. Die Weißbrotwürfel, Knoblauch, Lorbeerblatt und einige Rosmarinnadeln in das Fett geben. Mit Salz und Pfeffer abschmecken. Die Weißbrotwürfel separat servieren und direkt vor Beginn der Mahlzeit zu der Suppe geben.

GEEISTE GURKENSUPPE MIT SCHNITTLAUCH- UND BORRETSCHBLÜTENEISWÜRFELN

ZUTATEN

- ca. 10 Schnitt-lauchblüten
- ca. 20 Borretsch-blüten
- 1 mittelgroße Salatgurke (ca. 600 g)
- 10 g Ingwerknolle
- 100 ml Sauerrahm
- 3 EL Olivenöl
- einige Tropfen milder Weinessig
- 1 TL Zucker
- Pfeffer und Cayennepfeffer
- Meersalz

ZUBEREITUNG

Für die Eiswürfel Schnittlauch und Borretschblüten waschen. In einen Eiswürfelbehälter geben und diesen halb mit Wasser füllen. Alles gefrieren lassen. Danach die zweite Hälfte Wasser einfüllen und gefrieren lassen.

Salatgurke schälen, vierteln, die Kerne mit einem Löffel entfernen und grob schneiden. Ingwer schälen und grob hacken. Die Zutaten in einen Topf geben und mit dem Mixstab gründlich pürieren. Danach den Sauerrahm unterrühren. Eventuell durch ein feines Sieb passieren.

➻ Mit Olivenöl, einigen Tropfen Essig, Zucker, je einer Prise Pfeffer, Cayennepfeffer und Meersalz würzen.

Mit den Blüteneiswürfeln anrichten.

Tipp

Kalte Suppen schmecken gut gekühlt, aber nicht eiskalt, am besten.

ZUCCHINIBLÜTEN-RISOTTO

ZUTATEN

- 2 Schalotten
- 1 Knoblauchzehe
- 3 EL Olivenöl
- 200 g Risottoreis
- 75 ml Weißwein
- 1000 ml Gemüse-
  brühe
- 1 TL Safran
- 400 g Zucchini
  und Blüten
- 1 EL Butter
- Parmesan nach
  Belieben
- Pfeffer und
  Cayennepfeffer
- Salz

ZUBEREITUNG

Die Schalotten und die Knoblauchzehe fein hacken und in wenig Olivenöl glasig anschwitzen. Den Reis zugeben, kurz mitrösten und mit Weißwein ablöschen. Reis unter ständigem Rühren immer wieder mit etwas Gemüsebrühe bedecken. Die Safranfäden hineingeben. Nach etwa 7 Minuten die blättrig geschnittenen Zucchini zugeben.

Weitere 10 Minuten rühren und bei Bedarf mit Gemüsebrühe aufgießen. Am Ende noch die leicht gehackten Blüten, 2 EL Olivenöl, 1 EL Butter und den geriebenen Parmesan unterrühren. Mit den Gewürzen abschmecken und gleich servieren.

SPARGEL UND KARTOFFELN MIT FRÜHLINGSBLÜTEN-NUSSBUTTER

ZUTATEN

Blütenbutter:
- 100 g Butter
- Meersalz
- je 1 Prise Pfeffer und Cayenne-pfeffer
- 1½ Handvoll Blütenblätter

Pro Person:
- 3 mittelgroße Kartoffeln
- 4 weiße Spargelstangen
- Butter
- Salz
- Zucker

ZUBEREITUNG

Für die Blütenbutter eignet sich alles, was auf der blühenden Frühjahrswiese schmackhaft ist: Kriechender Günsel ist herb-süß und zugleich leicht bitter. Der Geschmack von rosa Wiesenschaumkraut ist ähnlich wie der von Brunnenkresse, nur zarter und senfähnlicher. Die strahlend gelben Löwenzahnblüten schmecken süß und leicht bitter im Abgang. Sauerklee mit seinen zartweißen Blüten bietet eine feine, doch prägnante Säure. Goldnesseln blühen hellgelb und Taubnesseln dunkelrosa und sind im Aroma würzig-grasig. Genauso gut passen aber auch Primeln, Schlüsselblumen und Veilchen aus dem Blumengarten.

◆▸

➻ Butter in einem kleinen Topf erhitzen und köcheln lassen, bis sich ein nussiges Aroma und eine leichte Bräune entwickelt hat. Abkühlen lassen, bis die Masse mittelfest ist. Mit grobkörnigen Meersalz fein cremig rühren, je eine Prise Pfeffer und Cayennepfeffer zugeben. Blütenblätter abzupfen und in die cremige Butter einrühren. Im Servierbehälter kühl stellen.

Die Kartoffeln dämpfen, noch warm schälen und in Butterflocken und Salz schwenken.

Für den Spargel in einem Kochtopf
Wasser aufkochen und im Verhältnis
2:1 Zucker und Salz nach Geschmack
zugeben. 1 EL Butter und ein Stück
trockenes Weißbrot können dem
Spargel eine etwaige Bitterkeit
nehmen. Die geschälten Spargelstangen sollen im wallend kochenden
Wasser verbleiben, bis sie schön
bissfest, aber nicht zu weich sind.
Das ist je nach Dicke unterschiedlich,
dauert etwa zwischen 6 und 9 Minuten.
Die Spargelköpfe sollen dabei nicht
unter Wasser sein.

Die Frühlingsblüten-Nussbutter zu
den Kartoffeln und dem Spargel
servieren.

SONNENBLUME GEGRILLT MIT ZITRONENDIP

ZUTATEN

- 4–6 mittelgroße Sonnenblumenblüten
- 500 g Salz
- 2 l Wasser
- Butterflocken
- Cayennepfeffer

Zitronendip:
- 150 g Crème Fraîche
- 100 g Sauerrahm
- 1 TL Meersalz
- gemahlener Pfeffer
- 1 TL Zucker
- Zitronenzesten nach Geschmack
- Saft einer halben Zitrone

ZUBEREITUNG

Sonnenblumenblüten von Blütenblättern und Kernen befreien. In einer großen Schüssel 500 Gramm Salz in 2 Liter lauwarmen Wasser auflösen. Sobald das Salz sich gelöst hat, die Blütenböden einlegen und mit einem Teller beschweren. Über Nacht ruhen lassen. Die Blütenböden abtropfen lassen, mit Butterflocken und einer Prise Cayennepfeffer für etwa 10 bis 20 Minuten auf den Grill legen. Alternativ kann man die Blütenböden auch dämpfen.

Für den Dip Crème Fraîche, Sauerrahm, Meersalz, gemahlenen Pfeffer, Zucker, Zitronenzesten und den Saft einer halben Zitrone miteinander vermischen.

Die Sonnenblumen mit dem Dip servieren.

SOMMERLICHER ROLLGERSTE-SALAT MIT BUNTEN BLÜTEN

ZUTATEN

- 250 g Rollgerste
- 1 TL Salz
- 1 unbehandelte Zitrone
- 4 mittelgroße Tomaten
- 1 kleine rote Zwiebel
- 1 Bund Petersilie
- 2 EL Öl
- 1 TL Zucker
- Pfeffer und Chiliflocken nach Geschmack
- 1 Handvoll Blütenblättern von Dahlien

ZUBEREITUNG

Rollgerste mit Salz in kochendem Wasser ca. 20 Minuten köcheln lassen, daraufhin abseihen, zudecken und 10 Minuten ausquellen lassen. In der Zwischenzeit die Zitrone auspressen, die Tomaten und Zwiebel fein würfeln und die Petersilie fein hacken. Alle Zutaten mit der Rollgerste mischen und den Salat mit den Gewürzen abschmecken.

Wenn der Salat keine Beilage sein soll, sondern eine leichte Hauptspeise, kann man pro Person etwa 100 g schnittfesten Ziegenfrischkäse in Würfeln dazugeben.

FISCH MIT FENCHELBLÜTEN GEFÜLLT IN SALZKRUSTE

ZUTATEN

- Fisch im Ganzen, 150–200 g Fisch pro Person (gut eignen sich Forelle, Lachsforelle oder Saibling)
- 1 EL Butter
- Pfeffer
- 1–3 Fenchelblütendolden
- 500 g grobes Meersalz
- 2 Eiweiß

ZUBEREITUNG

Den ausgenommenen Fisch auf ein mit Backpapier ausgelegtes Backblech legen. In den Bauchraum etwas Butter, Pfeffer und die Dolden geben. Das Salz mit Eiweiß in einer Schüssel verrühren und um den Fisch formen.

Das Backrohr auf 180 °C vorheizen und den Fisch hineingeben. Für etwa 15 bis 20 Minuten im Ofen lassen.

Vor dem Filetieren und Servieren die Salzkruste vorsichtig aufbrechen.

Durch das Salz wird der Fisch im Inneren gedämpft und das wunderbare Aroma von Fenchel durchzieht ihn.

Zum Fisch reiche ich sehr gerne Rosmarinkartoffeln und grünen Salat.

NUDELTÄSCHCHEN GEFÜLLT MIT ROSENCREME

ZUTATEN

Teig:
- 400 g griffiges Mehl
- 200 g Hartweizengrieß
- 3 Eier
- 6 Eidotter
- 2 EL Pflanzenöl
- 1 Prise Salz
- 1 Handvoll gehackte Rosenblätter oder alternativ 4 EL Rosenpulver (aus getrockneten Blättern)

Rosencreme:
- 2 Handvoll duftende Rosenblätter (ungespritzt)
- 1 Handvoll Walnüsse oder Mandeln

ZUBEREITUNG

Für den Teig alle Zutaten mischen und gut verkneten. Die Masse zu einer Kugel formen und in Klarsichtfolie ca. 1 Stunde im Kühlschrank rasten lassen.

Für die Rosencreme alle Zutaten in eine tiefe Schüssel geben und mit dem Stabmixer rasch pürieren.
Wenn die Creme nicht gleich verwendet wird, sollte man sie in einen luftdichten Behälter geben und noch etwas Pflanzenöl auf die Oberfläche geben, um eine Oxidation zu verhindern.

- 3 EL Sonnen-
  blumenöl
- 1 EL Zitronensaft
- 1 TL brauner
  Zucker
- 1 TL grobes
  Meersalz
- 1 Msp. Cayenne-
  pfeffer

Den Pastateig dünn ausrollen oder durch eine Pastamaschine drehen. Kreise ausstechen (ca. 5 cm Durchmesser). Auf die Kreise je einen Teelöffel Creme in die Mitte geben. Halbmonde formen und an den Seiten gut festdrücken.

Die Nudeltäschchen ca. 2 bis 3 Minuten in kochendem Salzwasser ziehen lassen. Abseihen und in heißer Butter schwenken.

GLÜCK GEROLLT – REISPAPIER-ROLLEN MIT BLÜTEN UND KRÄUTERN UND SALAT

ZUTATEN

Tofu:
- 2 Packungen fester Tofu (je 400 g)
- Pflanzenöl zum Frittieren
- 1 Bund Frühlingszwiebel, Weiß und Grün separat in feine Ringe gehackt
- 2 Knoblauchzehen, fein gehackt
- brauner Zucker
- 1 Stück Ingwer (5 cm), fein gehackt
- 1 EL dunkle und 5 EL helle Sojasauce

Die Grundlage dieses Rezeptes sind die vietnamesischen Goi cuon, die sogenannten Glücksrollen. In zart transparentem Reispapier werden traditionellerweise Schweinebauch, Scampi, Reisnudeln, Sojasprossen, Salat und Chinesischer Schnittlauch eingewickelt. Ich verwende hier Tofu.

ZUBEREITUNG

Den Tofu in große Würfel schneiden und goldbraun frittieren. Danach das Frühlingszwiebelweiß und den Knoblauch mit ein wenig Zucker glasig anbraten.

Den Tofu und den Ingwer zugeben und mit 1 EL dunkler und 5 EL heller Sojasauce aufgießen. Die Hitze ➻

Reispapier:

- 1 Pkg. getrocknetes, rundes Reispapier, vietnamesisch, aus dem Asiamarkt
- 1 Kopf grüner Salat oder Pflücksalat wie Eichblatt, Vogerlsalat (Feldsalat)
- 1 Bund Thai-basilikum
- 2 Bund Koriander
- diverse essbare Blüten, z. B. Blütenblätter von Rosen, Taglilien, Gladiolen, Dahlien und Astern

Außerdem:

- Hoisinsauce, aus dem Asiamarkt
- geröstete Cashews oder Erdnüsse

reduzieren und bei geschlossenem Deckel ca. 20 Minuten schmoren lassen. Am Ende das Frühlings-zwiebelgrün unterrühren.

Die Reispapierblätter einzeln kurz in einer Schüssel mit lauwarmen Wasser eintauchen, mit Salat, Blüten, Kräutern und Tofu belegen, die Seiten einfalten und dann von unten nach oben mit leichtem Druck einrollen. Die fertigen Rollen am besten sofort servieren, im Ganzen zum Dippen oder quer halbiert.

Vor dem Servieren die Hoisinsauce mit 2–3 EL Wasser verdünnen. Für jede Person ein Schälchen vorbereiten und mit den gehackten Nüssen bestreuen.

BLÜTENEISCREME (PARFAIT)

ZUTATEN

- 4 Eidotter
- 1 Ei
- 1 Prise Salz
- Mark einer halben Vanilleschote
- 150 g Zucker
- 500 ml Schlagobers (Sahne)
- 2 Handvoll Blütenblätter von Rosen, Phlox, Kornblumenblüten, Ringelblumen und Stiefmütterchen

ZUBEREITUNG

Die Dotter, das Ei, Salz und das Mark der Vanilleschote in eine Rührschüssel geben. Den Zucker langsam unter Rühren einrieseln lassen. Die Masse über Wasserdampf warm schlagen, bis sie schön cremig ist. Vorsicht, nie mit dem Schlagen über der Wärmequelle pausieren, da die Eier sonst stocken. Danach noch etwa 2–3 Minuten kalt weiterschlagen. Dann das halb steif geschlagene Schlagobers unterheben. Blütenblätter einrieseln lassen und die Creme in eine oder mehrere Gefrierformen füllen. Für Parfait benötigt man keine Eismaschine, die Masse bleibt auch ohne ständiges Rühren beim Gefriervorgang sehr locker und luftig. Man kann es auch als Eis am Stiel einfrieren, dabei achte ich darauf, dass die Blüten außen gut sichtbar sind.

CRÊPES MIT ZITRUSFRÜCHTEN UND BLÜTEN

ZUTATEN

Teig:
- 100 g Mehl
- 200 ml Milch
- 1 Ei
- 1 TL Vanillezucker
- 1 Prise Salz
- 2 EL Butter

Füllung:
- 1 Zitrone
- 1 Limette
- 2 Orangen
- Butter für die Pfanne
- 1 EL Zucker
- 2 EL Grand Manier nach Belieben
- Zitronenblüten

ZUBEREITUNG

Für den Teig das Mehl mit der Milch gut verrühren, dann erst das Ei, Vanille und Salz beigeben. Etwa 30 Minuten im Kühlschrank rasten lassen. Danach 2 EL Butter zergehen lassen und in den Teig rühren. Eine Pfanne erhitzen, feine Crêpes backen und warm stellen.

Aus den Zitrusfrüchten mit einem scharfen Messer die Filets zwischen den Fruchthäuten herausschneiden. Danach in der Pfanne etwas Butter zergehen lassen, etwas Kristallzucker einstreuen und die Filets hineingeben und kurz ankaramellisieren lassen, eventuell mit ein wenig Grand Manier ablöschen. Zum Schluss die Crêpes hineingeben und durchschwenken. Mit Zitronenblüten noch warm servieren.

MILCHREIS MIT KIRSCHLORBEERBLÜTEN

ZUTATEN

- 350 ml Milch
- 300 ml Wasser
- 10 g Speisestärke
- 100 g Rund-kornreis
- 1 EL Zucker
- Zesten von einer viertel Biozitrone
- 1 kleine Zimt-stange
- 1 Prise Salz
- 2 Kirschlorbeer-blüten
- 1 EL Butter

Das feine Mandelaroma der zarten Kirschlorbeerblüten ist eine verführerische Ergänzung zu Milchreis. Aufgrund der leichten Giftigkeit ist Kirschlorbeer nur sehr vorsichtig zu verwenden. Die Dosis bitte auf keinen Fall erhöhen!

ZUBEREITUNG

In Milch und Wasser Speisestärke einrühren und aufkochen lassen. Danach den Reis und die Gewürze zugeben. Den Reis auf kleiner Flamme, etwa 20 Minuten, gar kochen lassen. Vor dem Servieren Butter einrühren und Zitrone, Zimtstange und Blüten entfernen.

Nach Geschmack mit Zucker bestreuen.

GEBACKENE TOPFENTARTE MIT KORNBLUMEN

ZUTATEN

Füllung:
- 250 g Butter
- 200 g Zucker
- 5 Eier, getrennt
- 1000 g Topfen (Quark)
- 140 g Grieß
- Zesten einer Limette und einer Zitrone
- Mark von einer halben Vanilleschote
- 1 Prise Salz
- 2 EL Kornblumenblätter

Boden:
- 210 g Karamellkekse
- 100 g Butter
- 40 g Zucker
- je 1 Prise Salz und Zimt

ZUBEREITUNG

Für die Füllung die Butter mit dem Zucker fein schaumig rühren, die Eidotter nach und nach zugeben. Den Topfen einrühren und den Grieß einrieseln lassen. Die Zesten einer Limette und einer Zitrone sowie das Vanillemark hineingeben. Das Eiweiß mit einer Prise Salz zu Schnee schlagen. Den Eischnee zusammen mit den Kornblumenblättern unter die Topfenmasse unterheben.

Die Karamellkekse fein zerbröseln, mit Butter, Zucker, Salz und Zimt mischen und in eine Springform von 26 cm Durchmesser pressen, kurz bei 170 °C anbacken und auskühlen lassen. Darauf die Topfenmasse auftragen und bei 175 °C etwa 1 Stunde backen.

➡

Glasur:
- 100 g Marillen-
  marmelade
- 1/16 l Rum

Die Marillenmarmelade mit Rum in einem kleinen Topf aufkochen. Gleich nachdem die Torte aus dem Backofen kommt, mit der Mischung überglänzen. Als Dekoration noch weitere Kornblumenblätter darüberstreuen.

SCHOKOLADEN-WALNUSS-KEKSE (CANTUCCINI) MIT LAVENDEL
(auch mit Ananassalbei)

ZUTATEN

- 250 g glattes Mehl
- 100 g Kakaopulver
- 110 g Zucker
- 1 TL Backpulver
- 1 Päckchen Vanillezucker
- 1 Prise Salz
- 4 Eier
- 2 EL Lavendelknospen (frisch oder getrocknet)
- 80 g Walnüsse, grob gehackt
- 100 g Schokolade, gehackt

ZUBEREITUNG

In einer Rührschüssel Mehl, Kakaopulver, Zucker, Backpulver, Vanillezucker und Salz gut durchmischen. In die Mitte die Eier hineingeben und die Masse gut verkneten. Am Ende Lavendel, Walnüsse und Schokolade dazugeben. Nochmals vorsichtig durchkneten, bis ein leicht klebriger Teig entsteht. Auf einem mit Backpapier ausgelegten Blech zwei Würste formen. Eventuell noch etwas Mehl zu Hilfe nehmen.

❧ Den Backofen auf 180 °C vorheizen und die Teigwürste ca. 25 Minuten backen. Mit einem Brotmesser die Würste wie einen Brotlaib – gerade oder quer – etwa einen Zentimeter dick schneiden. Die Kekse wieder auf das Backpapier legen und nochmals 15 Minuten backen, dann umdrehen und auf der Rückseite weitere 15 Minuten backen.
Auf einem Kuchengitter auskühlen lassen. Die Kekse können in einer luftdichten Dose bis zu zwei Wochen aufbewahrt werden. Sie schmecken sehr gut zu Kaffee oder Tee.
Man kann den Lavendel auch durch Ananassalbeiblüten ersetzen. Allerdings muss man dann etwa 5 EL Blüten verwenden, da deren Aroma zarter ist.

HIMBEER-ROSEN-CREMETORTE

ZUTATEN

Walnussbiskuit:
- 6 Eier, getrennt
- 150 g Zucker
- Zesten einer Zitrone
- 1 TL Zimt
- 1 geriebene Tonkabohne
- 1 Prise Salz
- 60 g Staubzucker
- 210 g Walnüsse gemahlen
- 1 EL Speisestärke

Rosenbuttercreme:
- 450 ml Milch
- 1 Packung Vanillepudding-pulver
- 2 Eidotter
- 1–2 EL Zucker
- 450 g Butter
- 80 g Zucker
- 2 EL Rosenwasser (zimmerwarm)

ZUBEREITUNG

Für das Walnussbiskuit die Eidotter mit Zucker, Zitronenzesten, Zimt und Tonkabohne schaumig rühren. Die Eiweiße mit einer Prise Salz und Staubzucker, den man nach und nach zugibt, cremig schlagen. Die gemahlenen Walnüssen und Stärke vorsichtig unter den Eischnee unterheben. Die Masse in eine Springform von 22 cm Durchmesser streichen, bei 180 °C backen, auskühlen lassen und zweimal durchschneiden.

Für die Rosenbuttercreme den Vanillepudding nach Packungsanweisung kochen, mit einem Rührbesen die Eidotter rasch mit einrühren und mit einer Zuckerschicht bedeckt auskühlen lassen (damit sich keine Haut bildet). ❧

Außerdem:
- 2 Handvoll Rosenblätter
- 300 g Himbeeren

Deko:
- 400 g Rohmarzipan
- 150 g Staubzucker
- 1 EL Rosenwasser
- einige Reisnudeln
- Kokosöl oder Rapsöl zum Frittieren
- 1 Handvoll Rosenblätter

450 Gramm Butter mit 80 Gramm Zucker schaumig rühren, Rosenwasser und nach und nach die erkaltete Vanillepuddingmasse zugeben. Die Creme mindestens eine Stunde kühl stellen.

Rosenblätter waschen, abtupfen und eventuelle kleine Insekten fliehen lassen. Himbeeren vorsichtig waschen und mit Küchenpapier trocken tupfen.

Zwischen die Tortenböden eine Schicht Creme auftragen und frische Rosenblätter und Himbeeren hineinstreuen. Die Außenseite der Torte dünn mit Creme bestreichen und vor dem nächsten Arbeitsschritt idealerweise 30 Minuten kühl stellen.

Rohmarzipan mit Staubzucker und etwas Rosenwasser verkneten, dünn ausrollen und die Torte damit überziehen.

Kurz vor dem Servieren Reisnudeln frittieren und mit Staubzucker bestreuen, auf der Torte ein Nest daraus formen, und nochmals mit frischen Rosenblättern dekorieren.

BLÜTEN-NUSS-WECKERL MIT HERBSTASTERN
(auch mit Ringelblumen, Kornblumen)

ZUTATEN

- 500 g Weizen-vollkornmehl
- 5 g Salz
- 250 ml Milch
- 25 g Hefe
- 40 g brauner Zucker
- 60 g brauner Zucker
- 40 g gehackte Walnüsse
- 1 Handvoll Blütenblätter, frisch oder auch getrocknet
- 1 TL gemahlener Koriander

ZUBEREITUNG

Das Weizenvollkornmehl in einer Rührschüssel mit dem Salz mischen. Die Milch leicht erwärmen. Im Mehl eine Mulde machen und die Hefe und den Zucker hineingeben. Die lau-warme Milch hineingießen und mit der Hefe leicht verrühren. Etwa 10 Minuten mit einem Geschirrtuch abgedeckt an einem warmen Ort stehen lassen. Danach die Masse zu einem festen Teig kneten. Am Ende Walnüsse, Blütenblätter und Korian-der einkneten. Nochmals 20 Minuten gehen lassen.

Dann Weckerl formen und auf ein Backblech legen. Das Backrohr auf 170 °C vorheizen und die Weckerl im heißen Backrohr ca. 15 Minuten backen.

BLÜTEN-ENERGIE-PRALINEN

ZUTATEN

- 10 getrocknete Feigen
- 100 g Walnüsse
- 2 Handvoll getrocknete Apfelspalten
- 100 g geriebene Mandeln
- 2 EL Leinöl
- 1 Prise Fleur de Sel
- 1 TL Vanillezucker
- 3 EL Blütenpollen
- 1 TL Kardamom
- 1 geriebene Tonkabohne
- 1 Prise Chiliflocken
- Zesten und Saft einer halben Bio-Zitrone
- 2–3 EL Honig
- 2 EL getrocknete Kornblumen

ZUBEREITUNG

Die getrockneten Feigen, Walnüsse und Apfelspalten fein hacken, geriebene Mandeln, Leinöl, Fleur de Sel, Vanillezucker, Blütenpollen, Kardamom, Tonkabohne, Chiliflocken, Zitronenzesten und -saft und Honig in eine Schüssel geben. Getrocknete Kornblumen hineinstreuen und alles miteinander verkneten. Pralinenkugeln formen.

Die Pralinen können gleich genossen werden und sind gekühlt etwa eine Woche haltbar.

Was man mit Blüten sonst noch alles zaubern kann

Verzuckerte Blüten

Wir alle kennen verzuckerte Veilchen und Rosenblätter als Dekoration von Pralinen und Torten ... es eignen sich aber auch noch viele andere Blüten wie die von Flieder, Nelken, Stiefmütterchen oder Taglilien.

Am besten verwendet man zum Verzuckern Gummi Arabicum (aus der Apotheke). Es wird im Verhältnis von einem Teil mit zwei Teilen Wasser vermischt. Damit werden vorsichtig die Blüten bepinselt und rundum mit feinem Kristallzucker bestreut. Auf Backpapier trocknet man sie anschließend bei geöffneter Backofentüre und der niedrigsten Temperatur für etwa 3 Stunden. Eventuell das Backrohr auch immer wieder kurz ausschalten, um zu verhindern, dass eine zu hohe Temperatur die Blüten braun werden lässt. Zwischendurch sollte man sie auch wenden. In einem

Schraubglas können die Blüten mindestens zwei bis drei Monate aufbewahrt werden.

Getrocknete Kornblumenblüten

Getrocknete Kornblumenblüten sind eine wunderbare Dekoration für Speisen aller Art. Die Blüten trocknet man vorsichtig im Backrohr bei sehr niedriger Temperatur oder an Sommertagen an einem schattigen warmen Ort auf Tabletts oder Backblechen. Man kann auch auf Rahmen dünnen Stoff aufziehen und die Blüten daraufgeben. Wichtig ist es, dass die Blüten nicht gewaschen werden, da ein Zuviel an Feuchtigkeit dann leicht zu Schimmel führt. Getrocknete Blüten sollten sich richtig „knusprig" anfühlen und immer in luftdichten Behältern aufbewahrt werden.

Blütensalz

Durch Verreiben von frischen Blüten mit grobem Meersalz im Mörser und anschließender Trocknung lassen sich aromatische Salze herstellen. Für Farbzauber auf Gerichten kann man auch Fleur de Sel mit bunten, getrockneten Blütenblättern mischen.

Blüteneiswürfel

Für einen festlichen Aperitif oder für kleine Prinzessinnen stelle ich Blüteneiswürfel her. Einfach bunte essbare Blüten in Eiswürfelformen mit Wasser einfrieren.

Löwenzahnhonig

Ein bei Kindern beliebter Klassiker, der den Stoffwechsel anregt. Zur Herstellung etwa 250 g Blüten mit 1,5 l Wasser in einen Topf geben und zum Kochen bringen. Abkühlen lassen und an einem kühlen Ort über Nacht ziehen lassen. Anschließend durch ein feines Sieb gießen und die Blüten gut ausdrücken. Den Auszug erneut zum Kochen bringen und 1 kg Zucker und 2 in Scheiben geschnittene Bio-Zitronen dazugeben. Bei geringer Hitze etwa 3–4 Stunden köcheln lassen. Je länger man den Honig einkocht, desto zähflüssiger wird er.

Blütenschüssel

Für eine ausgefallene Präsentation für Obstsalat und Ähnliches Blüten zwischen zwei frostfesten Schüsseln in Eis einfrieren lassen. Eventuell muss man mehrere Tiefkühl-Durchgänge machen, aber die Mühe wird durch einen Wow-Effekt wettgemacht.

Eingelegte Knospen

Wie Kapern eingelegte Blütenknospen verfeinern Salate, Aufstriche oder Antipasti. Die Knospen des Spitzwegerichs haben ein feines Pilzaroma, das sich durch Einlegen in Olivenöl noch verstärkt. Auch die Knospen von Kapuzinerkresse und Gänseblümchen eignen sich sehr gut.

Blütengelée von Pfingstrosen

350 g Pfingstrosenblütenblätter · 1 l kochendes Wasser
Saft einer Zitrone · 3 EL Apfelpektin (Bioladen) · 650 g Zucker

„Wenn man den wunderbaren Duft der Pfingstrosen nur konservieren könnte …", dachte ich mir und so kam ich zu diesem Rezept. Nun können wir das feine Aroma mitten im Winter aus dem Glas genießen – am liebsten auf einem gebutterten Toast oder Brioche. Die Blütenblätter direkt von den Blüten pflücken. Verwelktes aussortieren. Verschiedene Sorten duften unterschiedlich und sind verschieden in der Intensität.

Die gewaschenen Blütenblätter mit kochendem Wasser übergießen und für mindestens 8 Stunden, am besten über Nacht, stehen lassen. Keine Sorge, der wunderbare Duft und die Farbe kehren zurück.

Die Flüssigkeit vorsichtig durch ein feines Sieb oder Küchentuch von den Blüten abseihen. Danach den abgeseihten Zitronensaft zugeben, mit Pektin aufkochen und den Zucker einrühren. Ein weiteres Mal für etwa eine Minute aufkochen. In saubere Gläser füllen und verschließen.

Rosensirup

Für einen Sirup Rosenblätter von duftenden Rosen sammeln. Sehr gerne verwende ich Teerosen, da ich deren intensives Aroma sehr schätze. Auf 5 Handvoll Rosenblätter gebe ich 1 Liter kaltes Wasser und 1 EL Zitronensäure. Die Rosenblätter im Wasser mindestens 24 Stunden an einem kühlen Ort ziehen lassen. Danach durch ein feines Sieb abseihen und mit 1 Kilo Zucker verrühren, bis sich dieser vollständig aufgelöst hat. In saubere, abgekochte Flaschen füllen und im Kühlschrank aufbewahren.

Rosensirup eignet sich wunderbar für Cocktails und Aperitifs. Auch andere Blüten wie die von Holunder oder der Linde eignen sich für die Herstellung von Sirup. Diverse Blüten von Kräutern wie Salbei, Basilikum oder Zitronenverbene ergeben ebenfalls einen herrlichen Sirup.

Blütenwasser

In einen Wasserkrug frisches, kaltes Wasser füllen und Blütenblätter nach Geschmack hineingeben und für kurze Zeit stehen lassen. Mein Favorit sind Rosenblätter mit Basilikumblüten.

Blütentee

Blüten sind natürlich auch die Grundlage vieler wohlschmeckender Heiltees. Duftende Lindenblüten bei Erkältungen und zur Beruhigung, violette Malve bei Husten, sonnengelbes Johanniskraut bei Nervenschwäche, blütenstaubgetränkte Holunderblüten bei Fieber sind nur einige Beispiele. Ich sammle jedes Jahr Blüten, trockne sie und bewahre sie separat in Schraubgläsern auf. Dann lasse ich meine Kinder selbst mischen. So macht Teetrinken Freude.

Rosen-Chili-Öl

In einem sauberen Glas gewaschene und abgetrocknete Rosenblätter, eine Chilischote, Lorbeerblatt und Pfefferkörner geben. Mit hochwertigem Olivenöl übergießen und kühl aufbewahren. Das Öl eignet sich sehr gut für leichte Salate oder als Dip zu Weißbrot.

Über die Autorin

Rea Mühlthau, 1976 in Salzburg geboren, hat schon in ihrer Kindheit viel Zeit im Garten verbracht und die Pflanzenwelt entdeckt. Auch die Liebe zum Kochen, Backen und Experimentieren mit Geschmacksnoten entwickelte sich bald. Bei Auslandsaufenthalten – besonders in Japan, China und Vietnam – erweiterte sie dieses Wissen. Bei ihren Caterings, Kochkursen und beim Kochen für ihre drei Kinder gibt sie die Freude, mit den Pflanzen zu arbeiten, weiter.

MIX
Papier aus verantwortungsvollen Quellen
FSC® C012536

Sämtliche Angaben in diesem Werk erfolgen trotz sorgfältiger Bearbeitung ohne Gewähr. Eine Haftung der Autoren bzw. Herausgeber und des Verlages ist ausgeschlossen.

© 2017 Servus bei Benevento Publishing, eine Marke der Red Bull Media House GmbH, Wals bei Salzburg · Alle Rechte vorbehalten, insbesondere das des öffentlichen Vortrags, der Übertragung durch Rundfunk und Fernsehen sowie der Übersetzung, auch einzelner Teile. Kein Teil des Werkes darf in irgendeiner Form (durch Fotografie, Mikrofilm oder andere Verfahren) ohne schriftliche Genehmigung des Verlages reproduziert oder unter Verwendung elektronischer Systeme verarbeitet, vervielfältigt oder verbreitet werden. Titelsatz aus einer Kalligrafie von Karl Starzer, Satz aus der Hoefler Text und The Sans. · Medieninhaber, Verleger und Herausgeber: Red Bull Media House GmbH · Oberst-Lepperdinger-Straße 11–15 · 5071 Wals bei Salzburg, Österreich · Gestaltung und Satz: graficde'sign. pürstinger, Alex Stieg · Bilder: Cover und Innenteil: Arthur Braunstein

Printed in Austria
ISBN 978-3-7104-0094-0